AF325072

LA REUNION
DES LANGUES,
OU L'ART
DE LES APPRENDRE TOUTES
PAR UNE SEULE.

Par le P. BESNIER, *de la Compagnie de* JESUS.

A PARIS,

Chez SEBASTIEN MABRE-CRAMOISY, Imprimeur
du Roy, ruë Saint Jacques, aux Cicognes.

M. DC. LXXIV.

AVEC PRIVILEGE DE SA MAJESTE.

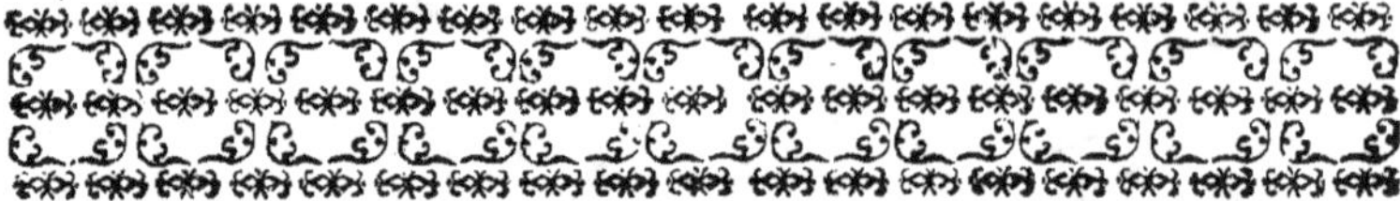

LA REUNION
DES LANGUES,
OU L'ART
DE LES APPRENDRE TOUTES
PAR UNE SEULE.

COMME la connoissance des Langues étrangéres, n'est pas de ces curiositez vaines & steriles, qui ne servent à l'esprit, que d'une espéce d'amusement ; mais qu'elle est en effet d'un fort grand usage pour mille fins differentes : on ne doit pas trouver étrange si nostre siécle, qui juge si sainement du prix des choses, témoigne plus de passion, que jamais, pour cette sorte de science, malgré toutes les difficultez qui s'y rencontrent.

Je ne crois donc pas qu'on puisse gueres rendre plus de service au public, que d'inventer un moyen seûr & facile, pour apprendre toutes les Langues, en éclaircissant un sujet, que les Savans n'ont fait qu'embrouïller jus-

A

ques à prefent , ou par une pure impuiſſance de pouvoir démêler une matiére ſi embaraſ-fée , ou peut-eſtre pour s'attirer l'admiration du vulgaire , qui ne s'enteſte ordinairement, que de ce qu'il ne comprend pas.

C'eſt la penſée qui m'a inſenſiblement engagé dans le deſſein de travailler ſérieuſement à la REUNION DES LANGUES , qui depuis la confuſion de Babel , a toûjours eſté regardée des Doctes comme une affaire chimerique ; faute d'une perſonne aſſez entreprenante, pour s'y embarquer , & aſſez heureuſe, pour y réüſſir.

Ce deſſein ſeul eſtant capable d'irriter la critique des Savans , je ſuis bien-aiſe d'expoſer au public, le projet & le plan que j'en ay formé , avant que d'abandonner entiérement l'ouvrage à ſa cenſure : afin de m'éclaircir d'abord de tout ce que l'on y pourroit trouver à redire , & profiter des lumiéres des perſonnes habiles & intelligentes , ſi elles ont aſſez de zele pour les vouloir rendre utiles à tout le monde , en me les communiquant.

DESSEIN DE L'OUVRAGE.

LA plufpart des hommes eftant prévenus, comme ils font, de deux faux préjugez fur la nature des Langues; l'un, qu'elles n'ont pas toutes du rapport, ni de la liaifon entre elles; l'autre, qu'elles dépendent uniquement de l'inconftance du hazard, & des bizarreries de l'ufage : il ne faut pas trop s'étonner, fi l'on a prétendu réüffir dans l'étude des Langues par un pur effort de mémoire, fans que ni la vivacité de l'imagination, ni la force du raifonnement y euffent aucune part.

Comme je ne fuis pas bien perfuadé de la jufteffe de cette methode, je fais rouller tout le deffein de mon Ouvrage fur ces deux Propofitions, qui la combattent directement.

I. Les Langues ont en effet de la LIAISON; on peut donc les apprendre, en les COMPARANT.

II. Les Langues font véritablement fondées fur la RAISON; il faut donc RAISONNER, en les comparant.

C'eſt ſur ces deux fondemens que je prétends établir la véritable maniére d'apprendre les Langues ; en faiſant voir par une expérience, qui ſera ſenſible à tout le monde,
que l'eſprit peut faire auſſi-bien ſes réflexions
ſur les paroles, que ſur les choſes meſmes
qu'elles repreſentent.

Comme l'Imagination & la Raiſon ſont les
deux Facultez capables de ſe refléchir ſur les
objets, elles auront l'une & l'autre de-quoy
s'occuper dans cét Ouvrage, conformément à
leur nature. L'Imagination y conſiderera les
Rapports que les Langues ont entre elles, &
en fera une comparaiſon juſte ; la Raiſon ré-
duira tout à des Principes certains, ſur leſquels tous ſes Raiſonnemens ſeront établis.

PREMIERE PARTIE

DU DESSEIN.

POUR faciliter les efforts de l'Imagination, je fournis des moyens aſſez naturels, par leſquels, au-lieu de conſiderer les
Langues préciſément en elles-meſmes, comme on a fait juſques à preſent ; on pourra

les comparer fans peine les unes avec les autres, & en les comparant, trouver auffitôt
leurs rapports, leur dépendance, & leur liaifon mutuelle, foit pour la reffemblance des
paroles, foit pour la proportion des tours, &
la conformité des expreffions.

Il eft bien vray que cette liaifon eft un
peu cachée pour toutes ces maniéres d'efprits,
qui s'arreftent à l'écorce & à la premiére fu-
perficie des Langues, fans penétrer plus avant;
mais auffi elle fe prefente & fe découvre d'a-
bord à ceux qui ont receû de la nature une
difpofition heureufe pour ces fortes de con-
noiffances.

Il en eft à peu prés comme de ces démon-
ftrations Paradoxes, que la Géométrie nous
propofe, fur les rapports & les proportions
des figures. Tout y choque d'abord, & y
paroît fi peu vray-femblable, que les gens
qui ne font pas du meftier, jureroient bien
que ce font des réveries de melancholique.
Néanmoins un habile Géométre commen-
çant par des notions tres - fimples & tres-
naturelles, conduit l'efprit pas à pas, luy découvre infenfiblement la verité, & la luy fait
paroiftre tout d'un coup dans un certain jour,
auquel on ne s'attendoit pas, & qui fait un

effet ſi prompt , qu'on voit évidemmenr ce qui n'avoit pas même l'apparence de la verité.

Ne ſachant pas d'autre methode que celle-cy , qui ſoit propre pour faire de nouvelles découvertes dans les Sciences , j'ay tâché de m'en ſervir autant que ma matiére en peut eſtre capable. Puis donc qu'entre les rapports des Langues, il y en a de ſi évidents, qu'ils ſautent d'abord aux yeux , & frapent le peuple même ; j'ay tellement meſnagé mes réflexions, qu'en regardant ces premiers rapports comme des modeles, je puſſe monter par degrez à la connoiſſance des autres , qui pour eſtre ſecrets , & quelquefois un peu éloignez, n'en ſont pour cela ni moins aſſeûrez , ni moins réels ; comme les concluſions ſubalternes des Sciences ne ſont pas moins veritables , pour n'eſtre pas tout-à-fait ſi proches de leur premier principe.

C'eſt ainſi qu'une Langue , qui nous ſera déja connuë, ou par art, ou par uſage , nous pourra ſervir d'entrée à la connoiſſance de toutes celles qui nous ſont inconnuës ; & que leur affinité remédiera à l'infidélité de la mémoire, en les fixant , & les attachant les unes aux autres.

MAIS afin que cette comparaiſon ſe faſ-ſe avec moins d'embaras , le principal de mes ſoins a eſté de choiſir une Langue, qui nous puſt ſervir de regle, de meſure, & de principe , pour les accorder, & les réünir toutes enſemble. Car de les vouloir compa-rer toutes immediatement les unes aux au-tres , comme quelques - uns prétendent qu'il faudroit faire ; c'eſt aimer la confuſion dans la choſe du monde qui demande le plus d'or-dre.

La venération que j'ai toûjous eûë pour l'antiquité penſa m'engager d'abord à prendre la réſolution de les réduire toutes à l'Hébraï-que , comme étant, au - moins de noſtre con-noiſſance , la premiére , la plus noble , & la plus naturelle Langue du monde, de laquelle toutes les autres tirent en effet leur origine. Mais je ne fus pas long-temps ſans faire ré-flexion, que c'eût eſté renverſer directement les premiers principes de ma Methode , que d'enſeigner des Langues inconnuës, par celle qui nous eſt la moins connuë de toutes. L'inclination , que je dois raiſonnablement avoir pour ma patrie , me perſuadoit preſque de m'attacher uniquement au François, &

I. Quelle eſt la Lan-gue à la-quelle il faut ré-duire tou-tes les au-tres.

d'en faire le premier fondement de cette réduction univerfelle. Mais aprés tout, le refte
de l'Europe, que je ne dois pas tout-à-fait mé-
prifer, n'eût pas beaucoup plus approuvé ce
deffein , que nous approuverions en France
celuy d'un Allemand , qui réduiroit toutes
les Langues à la fienne.

L'unique parti qui me reftoit à prendre,
étoit de me retrancher dans la Langue Latine,
dans laquelle je rencontrois heureufement
toutes les conditions neceffaires, pour travailler facilement à ce nouvel accord.

En effet , Ariftote mefme , l'efprit le plus
exact qui ait jamais efté, pour faire une regle
& une mefure parfaite , ne demande abfolu-
ment que trois qualitez, l'univerfalité, la certitude, & la proportion ; c'eft à dire, qu'elle
foit genéralement connuë de tous ceux qui
s'en doivent fervir en qualité de mefure; qu'elle foit fixe, & déterminée en elle-mefme ; &
enfin qu'elle foit proportionnée aux chofes
qu'elle doit mefurer : & ces trois qualitez
conviennent toutes avec tant d'avantage à
la Langue Latine , & d'une maniére qui
luy eft fi propre , qu'on ne peut pas les attribuer aux autres fans quelque efpéce d'in-
juftice.

La

La pluſpart des autres Langues ſont reſſerrées dans les bornes d'un Païs, ou d'un Royaume particulier : la Latine n'a pas ce deſavan-
tage ; c'eſt, à proprement parler, la Langue
de l'Europe ; les Sciences & la Religion luy
ont donné plus d'étenduë, que ne luy en
donnerent jamais toutes les Conqueſtes des
Romains. C'eſt preſque la Langue vulgaire
du Nort ; & elle eſt par tout univerſellement
connuë des Savans & des Gens de qualité,
qui ſont pour l'ordinaire les ſeules perſonnes,
qui ayent beſoin du ſecours des Langues
étrangéres.

Elle n'a pas non plus une autre imper-
fection des Langues vulgaires, qui eſtant
de leur nature ſujettes au changement, ne
peuvent pas conſequemment nous ſervir
d'une regle certaine & déterminée pour tous
les ſiécles. Si elle eſt encore vivante par l'é-
tenduë de ſon uſage, elle a les avantages des
Langues mortes, étant fixe & arreſtée par un
uſage conſtant & déterminé; & ſi ſon univer-
ſalité la rend utile par tout, ſon immutabi-
lité fait qu'elle pourra toûjours ſervir.

Pour ce qui eſt de la Proportion, la Langue
Latine tient en quelque façon le milieu entre
les Langues anciennes, & les modernes : elle

n'eſt ni ſi pure que les premiéres, ni ſi corrompuë que les ſecondes : ainſi il eſt également
facile de l'appliquer aux unes & aux autres ;
& meſme je puis dire que c'eſt infiniment le
plus court , puiſqu'il y a moins de détours à
prendre, pour paſſer du milieu aux extrémitez , ou des extrémitez au milieu , que pour
faire tout le chemin d'une extrémité à l'autre.
Ce ſeroit néanmoins un inconvenient ſans
reſſource, ſi l'on entreprenoit de réduire toutes les Langues , ou à la plus ancienne, ou à
quelqu'une des plus nouvelles : puiſqu'en effet les anciennes n'ont d'union avec les modernes , qu'autant qu'elles en ont avec celles
du moyen âge , qui ont eſté comme les ca-
naux , par leſquels l'antiquité eſt venuë juſques à nous.

D'ailleurs , la Langue Latine réünit heureu-
ſement les Langues Orientales & les Occidentales. Comme elle doit uniquement ſa naiſ-
ſance aux Orientales , les Occidentales luy
doivent la leur. Il n'eſt donc pas plus difficile
d'apprendre les unes, en remontant du ruiſſeau
à la ſource, que d'apprendre les autres, en deſ-
cendant de la ſource au ruiſſeau : à peu-prés
comme dans la nature nous connoiſſons
auſſi-bien l'effet par ſa cauſe, que la cauſe par

fon effet. En un mot, pour accorder tous les differends qui pourroient naiftre fur la Primauté des Langues, je confidére la Latine fous trois divers regards ; comme la fille des Langues du Levant, comme la mere de celles d'Occident, & comme la fœur des Langues du Septentrion.

Comme elle eft extrémement riche, & tout-à-fait abondante, ayant efté cultivée depuis plus de trois mille ans par une infinité de Nations differentes, dont les dépouilles l'ont enrichie, elle peut avoir une infinité de rapports, fous lefquels on la peut comparer avec moins de peine à toutes les autres. Car enfin je ne prétends pas tout réduire au Langage le plus pur & le plus poli. La Barbarie des premiers Romains me rendra d'auffi bons fervices, que l'élegance & la politeffe de Ciceron. La Latinité du bas Empire, depuis les irruptions des Peuples du Nort, fe peut mettre en œuvre avec autant de fuccés, que la Langue du fiécle d'Augufte. Je dis la même chofe du Langage des Sciences, qui fait prefque une Langue differente de celle du vulgaire. Les termes propres de la Philofophie, de l'Hiftoire naturelle, & des myftéres de la Théologie ; ceux de la Medecine, des Mathematiques, des Arts, des Loix, & du Barreau ; les noms mêmes des Perſonnes illuſtres, des Peuples, & des lieux célebres, dont l'Hiſtoire nous fournit quelque raiſon plauſible, ne me feront pas d'un moindre ſecours dans le beſoin, que les noms des choſes les plus communes.

II. Quelles Langues il faut réduire.

A P R E'S avoir fait ce choix de la Langue, qui doit ſervir à la réünion des autres, il a fallu en faire un ſecond, qui n'eſt pas de moindre conſequence pour la methode, & me déterminer ſur le nombre des Langues que je pourrois raiſonnablement entreprendre de réünir.

Quoy-qu'il n'y en ait aucune, dont la connoiſſance ne puiſſe eſtre de quelque uſage, j'ay eſté obligé néanmoins de donner quelques bornes à un deſſein, qui n'en ayant point de luy-même, me conduiroit à l'infini. Car outre que je n'ay pas aſſez d'étenduë d'eſprit & de memoire, pour les pouvoir poſſeder toutes, il faut avoüer, qu'il s'en trouve quelques-unes, qui n'engagent pas extrémement le monde. Le Baſque, ce me ſemble, ni le Bas-Breton, ne ſont pas pour inquiéter fort perſonne ; & je ne crois pas qu'il y ait beaucoup plus de gens qui s'y intereſſent , qu'au Finlandois , au Friſon , & au Jargon des Ne-gres & des Sauvages.

Ainſi, dans le choix qu'il en falloit faire, je n'ay pû me diſpenſer de donner la préfé-rence à celles qui ſont les plus illuſtres. J'ay fait en cela , à peu-prés , ſi je l'oſe dire, comme un Prince , qui ayant formé le deſ-ſein de réünir toutes les Nations du mon-de ſous la meſme Monarchie , commence-roit ſes Conqueſtes par les Nations les plus fameuſes & les plus fiéres, dans la penſée que le reſte ne ſeroit pas en ſuite capable de luy tenir teſte.

Comme je ne ſuis pas d'humeur à rien fai-re ſans raiſon , ni à me donner de la peine par caprice, pour ſatisfaire purement ma cu-rioſité : la Religion , l'Eſtat, & les Sciences, ſont les trois grandes Regles qui m'ont ſervi à juger quelles Langues ſont en effet les plus importantes & les plus nobles.

Je n'ay donc mis dans ce nombre , que celles dont l'Europe peut tirer de plus ſigna-lez avantages , ou pour la défenſe de l'Egli-ſe , ou pour le bien des Eſtats, ou pour l'ac-croiſſement des Sciences , & la perfection des beaux Arts.

B iij

C'eſt pour cela que je fais entrer dans mon Ouvrage toutes les Langues de Religion : c'eſt ainſi que je nomme celles , qui nous fourniſſant les Textes originaux , & les Traductions les plus authentiques de l'Ecriture , nous peuvent eſtre d'un grand uſage , pour l'interprétation fidelle des Saintes Lettres , & la confirmation des Dogmes de noſtre Foi. .

Il a fallu en ſuite y placer les Langues d'Eſtat & de Politique , c'eſt à dire , celles des Empires , des Royaumes celébres , & des Peuples les plus guerriers , leſquelles peuvent entretenir la communication mutuelle de toutes les Nations , & eſtre fort utiles pour le manîment des affaires étrangéres , les Negotiations importantes , les Ambaſſades , la Guerre , le Commerce , & les Voyages.

Mais ſur tout , j'ay eſté obligé d'y mettre les Langues de Science & d'Eſprit , qui ont eſté juſques à preſent cultivées par les Nations les plus ſpirituelles , les plus polies , les plus ſavantes , & les plus fécondes en beaux ouvrages.

Je ne crois pas aprés cela qu'on veuïlle me faire un procés , de ce que je me ſuis contenté d'en choiſir ſeulement vingt-quatre , pour les accorder avec la Latine : car enfin il feroit affez difficile d'en trouver quelqu'autre, qui méritaft l'application des Curieux.

Quoy-que ces vingt-quatre Langues foient véritablement dérivées de la même fource, puis qu'on auroit un peu de peine à produire rien d'affez fort pour convaincre un efprit raifonnable, qu'il y ait en effet au monde plus d'une Langue mere, à parler dans la rigueur ; pour éviter néanmoins la confufion, je les diftribuë toutes en fept ordres differents, felon qu'elles ont un rapport plus immédiat aux fept Langues que l'on fuppofe communément eftre originales.

Ces Matrices, dans la penfée des Savans, font la Romaine & la Grecque ; la Teutonne & l'Efclavonne ; l'Hébraïque, la Scythique, & la Perfane.

La Romaine aura pour fes Idiomes, l'Italien, l'Efpagnol, & le François, qu'on ne peut pas ignorer maintenant fans quelque forte de honte. J'y joindray mefme le Portugais, car encore qu'il ne foit pas fort éloigné du Caftillan, il a néanmoins fes beautez particuliéres ; & les conqueftes des Roys de Portugal l'ont rendu neceffaire jufques dans les païs les plus éloignez.

Je réduis à la Grecque ses trois principales dépendances, sçavoir le Grec litteral, comme nous l'avons dans les ouvrages des Anciens; le Grec vulgaire, comme il se parle depuis la décadence de l'Empire de Constantinople; & le Cophte ou l'Egyptien, qui est un reste du fameux Regne des Ptolomées dans l'Egypte. Car quoy-que cét idiome ait encore quelque chose d'original, soit pour les mots qui tiennent un peu de l'ancienne Langue des Pharaons, soit pour l'infléxion qui n'a rien de semblable à la Grecque; on peut dire néanmoins, que l'Empire d'Alexandre & de ses successeurs l'a tellement mêlé, que le Grec a presque pris le dessus, & absorbe en quelque maniére ces pitoyables restes de l'antiquité.

Je comprends sous la Teutonne, l'Allemand, le Flamand ou le Hollandois, l'Anglois, le Danois même, qui s'étend jusques dans les derniéres extrémitez du Nort, & qui nous peut donner plus de lumiére que les autres, ayant conservé tres-soigneusement les vestiges du vieux langage.

L'Esclavonne est accompagnée de ses trois idiomes les plus confidérables, du véritable Esclavon, du Polonois, & du Moscovite, auxquels aufquels la valeur des Nations qui les parlent, a fait plus de réputation que leurs Ouvrages, ou d'efprit, ou de fcience.

L'Hébraïque en a fept à fa fuite; le pur Hébreu, tel qu'il nous refte dans la Bible; le Langage des Rabbins & des Talmudiftes; le Chaldaïque, le Syriaque, l'Ethiopien ou l'Abyffin, le Samaritain, & l'Arabe, qui a maintenant tant d'étenduë, qu'il fe parle, ou s'entend dans les trois parties de l'ancien monde, l'Afie, l'Afrique & l'Europe : Auffi cette derniére Langue a-t-elle produit toute feule, un fi prodigieux nombre de livres, qu'on a de la peine à fe perfuader, qu'une Nation fi belliqueufe ait pû cultiver les Lettres avec tant d'application.

La Scythique eft fuivie de fes deux plus illuftres dialectes, le Turc & le petit Tartare, qui pourront l'un & l'autre nous donner dans la fuite une plus grande ouverture pour le refte des Langues, qui font ufitées parmy les Nations de l'Afie Septentrionale.

Je finis par la Perfane, qui n'a pas feulement cours dans l'Empire du Sophy, mais qui eft de plus en ufage à la Cour du Grand Seigneur, & dans celle du Grand Mogol, où elle eft extrêmement eftimée.

C

COMME la comparaiſon de toutes ces Langues ſeroit de peu d'uſage, ſi les moins habiles meſmes n'eſtoient capables d'en juger, puis que c'eſt principalement pour eux que je travaille; j'ay crû pour cela qu'il eſtoit neceſſaire de retrancher entiérement du corps de mon Ouvrage cette étrange diverſité de caractéres, dont les figures bizarres & fantaſques révoltent ſi fort l'imagination des perſonnes qui n'y ſont pas encore faites.

C'eſt pourquoy, ſans m'arreſter à la vaine oſtentation de certains Auteurs qui affectent cette ſorte d'écriture, juſqu'à en faire un des principaux myſtéres de leur ſcience; j'ay trouvé le moyen d'exprimer avec art tous les ſons des caractéres de chaque Langue, par les ſeuls caractéres Romains, d'une maniére auſſi ſimple, & auſſi dégagée, qu'elle eſt éxacte & nouvelle; afin que les rapports des mots, qui eſtoient cachez ſous ces figures étrangéres, comme ſous un voile qui les déroboit aux yeux des moins éclairez, paroiſſent auſſi-tôt à découvert, n'y ayant plus rien qui nous empêche de les conſiderer de prés.

Cela n'empêchera pas néanmoins que je ne donne l'art de déchifrer ſans peine toutes ces

fortes d'écritures, & de les fixer dans l'imagination d'une maniére si distincte, qu'on ne
puisse pas les confondre.

APRE'S avoir levé ce premier obstacle,
qui a mis tant d'embaras & de confusion dans les Langues ; pour les réduire en
suite plus aisément à leur principe, je tâche
de tenir à-peu-prés la mesme route, qu'elles
ont tenuë pour s'en éloigner, autant que me
le peut apprendre l'Histoire de l'antiquité, sur
laquelle je fonde principalement les preuves
les plus invincibles de la verité de cét art.
Car je ne crois pas que les plus Critiques
puissent trouver mauvais que j'établisse l'origine & l'affinité des Langues, sur les mesmes
fondemens, sur lesquels nous établissons les
origines & les alliances des Peuples, qui ne
passent jamais d'un Païs dans un autre, sans
y porter leur Langue avec leurs Armes, &
leurs Coûtumes.

Comme on n'a jamais disputé aux Sçavans
le droit qu'ils ont de se servir de l'affinité
des Langues, qui leur est quelquefois plus
connuë, pour découvrir l'origine des Peuples
qui leur est inconnuë ; j'espére aussi qu'on
souffrira bien que je me serve de l'origine &

des Colonies des Peuples, pour éclaircir l'origine & la connexion des Langues; puis qu'il
doit y avoir autant de rapport entre les Langues, qu'il s'en trouve à proportion entre
les Peuples. Ainſi, par exemple, pour dé-
montrer l'opinion de Denys d'Halicarnaſſe
& de Quintilien, qui prétendent l'un & l'autre
que la Langue Latine n'eſt preſque qu'un
idiome de l'ancien Grec ; il n'y a ſimplement
qu'à expliquer toutes les Peuplades d'Italie,
qui ne s'eſt preſque veûë habitée tres-long-
temps, que par des Colonies Grecques.

De quelque autre maniére qu'on s'y pren-
ne, quelque agréable & ſurprenante que puiſſe
eſtre cette maniére nouvelle ; comme ce ne
ſera jamais qu'une idée chimerique, & ſans
fonds; auſſi n'engagera-t-elle pas fort le monde,
qui ne prend pas plaiſir à ſe défaire de ſes anciens préjugez, ſi l'on ne ſait adroitement le
convaincre & par ſes propres lumiéres, & par
des preuves auſſi peu ſuſpectes, que le ſont
celles que je prétends tirer de l'Hiſtoire des
Colonies.

Mais comme il eſt impoſſible que les Langues ne s'alterent & ne ſe mêlent, dans cette
union & ce mélange des peuples de differentes Colonies ; auſſi ne faut-il pas croi-

re qu'elles fe foient alterées tout d'un coup. Il en va des mots comme des voyageurs, qui ne fe défont pas de leurs maniéres étrangéres, dés auffi-tôt qu'ils entrent dans un autre Royaume : ils ne s'y naturalifent qu'avec le temps, & ne prennent que peu à peu l'air, l'humeur, & les qualitez des perfonnes avec lefquelles ils converfent.

Puis donc que la corruption des Langues ne s'eft faite qu'infenfiblement, & peu à peu ; il ne faut, pour la découvrir feûrement, que remonter par degrez, jufques à la prémiére fource de leurs differences : prenant bien garde à ne point faire de fauffe démarche, qui puiffe conduire un peu trop loin, & engager dans un mauvais pas, d'où l'on auroit de la peine à fe retirer. C'eft là l'unique moyen que j'aye trouvé, de répandre un certain air de vrayfemblance fur tout ce qui regarde cette matiére, qui n'a de probabilité qu'autant qu'on luy en donne, en la mênageant fi bien, qu'on n'aille jamais d'une extrémité à l'autre, fans paffer par le milieu, qui a efté comme le lien de ces deux extrémitez. Car c'eft de cét enchaînement de mots, & de cette fuite d'alterations, que dépend principalement toute la jufteffe & toute la vrayfemblance de ma méthode.

C iij

En effet, quoy-qu'on ne puiſſe pas douter que noſtre Langue ne ſoit une corruption de la Latine; j'aurois néanmoins un peu de peine à me perſuader que *déchoir* puſt venir du *cadere* des Latins, ſi je ne ſavois toutes les maniéres dont il a paſſé par l'alambic.

Ceux qui corrompirent les premiers la Langue des Romains, dirent d'abord *cader*, pour *cadere*, comme le diſent encore aujourd'huy les Italiens, qui retranchent tres‑ſouvent les voyelles finales, quand elles ſe rencontrent aprés les liquides. Ceux qui ſuivirent, encherirent par‑deſſus les premiers, & de *cader* formerent *caer*, comme le forment maintenant les Eſpagnols, par le retranchement du *d*, qui leur eſt aſſez ordinaire, quand cette conſone ſe trouve au milieu des mots. Il y en eût d'autres plus bruſques, qui dirent *câr* ou *kêr*, par la contraction de deux voyelles en une, comme l'ont conſervé nos Païſans, & les Picards, qui tiennent beaucoup de l'antiquité; car c'eſt ainſi que parloient nos anciens François, qui racourciſſoient les mots autant qu'il leur eſtoit poſſible, pour former une Langue auſſi libre que l'eſt leur humeur.

Nos Ancêtres, au lieu de *kêr,* prononce-rent *cher ,* changeant une lettre trop ferme, dans une autre plus douce , comme il se trouve dans les vieux Romans qui nous re-stent ; & nous enfin , par le changement d'une voyelle dans une diphthongue , de *cher ,* nous avons formé *choir ,* qui commence à n'estre plus à la mode , quoy-que son composé *déchoir ,* soit encore du bel usage.

Ainsi *cadere , cader , caer , câr , kêr , cher , choir ,* & *déchoir ,* font une chaîne assez parfaite , mais qui ne pourroit estre que fort défectueuse , si nous avions perdu par malheur quelqu'un de ses chaînons.

C'est pour cette raison que quoy-que je considére chaque Langue dans sa plus haute perfection ; afin néanmoins d'éclaircir son origine , en rendant cette chaîne de mots plus sensible & plus palpable , j'ay esté obligé de faire mille réflexions sur les restes du vieux Langage , sur l'ancienne orthographe , par laquelle on découvre mieux tous les changemens qui se font faits dans la prononciation , & enfin sur les differens patois des Provinces de chaque Empire, qui parlent la mesme Langue , mais chacune à sa mode.

Puis qu'il eſt tres-vray , que le Langage le plus poli , eſt bien ſouvent le moins pur , & le plus corrompu , ſi l'on en juge , comme on en doit juger, par ſon origine, qui eſt l'unique & la veritable regle. C'eſt pour cela que le Provençal, le Gaſcon , le Languedochien , le Picard , & ce que nous appellons le vieux Gaulois , eſt infiniment moins alteré , & moins éloigné de ſa ſource , que le Langage de la Cour & du beau monde, qui prend plaiſir de s'éloigner du Latin. Le Lombard , & le Napolitain , ſont la plûpart du temps moins corrompus , que le Siénois , & le Florentin : quoy-qu'en diſent les Eſpagnols, le Catelan , & l'Arragonnois, eſt ſouvent plus pur que leur Caſtillan le plus pompeux : & pour ne nous épargner pas plus que les Eſpagnols , ſi nous pouvons nous glorifier avec raiſon d'avoir maintenant la Langue du monde la plus polie; nos voiſins peuvent nous reprocher avec juſtice, que de toutes les dialectes du Latin , il n'y en a gueres de plus corrompuë: car comme elle ne s'eſt polie qu'en s'adouciſſant, elle n'a pû s'adoucir ſans une étrange corruption. Ainſi le *capo* des Italiens , le *cabo* des Eſpagnols, le *cap* de nos ancêtres , & le *kef* des
Picards,

Picards, font alterez differemment, du *caput*
des Latins ; mais il n'y en a pas qui le foit tant
que le *chef* de nos François, qui reconnoiſt
néanmoins la meſme origine.

CE n'eſt pas tout : comme la reſſemblance
& la connexité des Langues n'eſt pas par
tout la meſme, mais qu'elle ſuit le plus ou le
moins de communication des Nations qui les
parlent ; il ne faut pas auſſi que la methode
ſoit invariable ; il faut qu'elle change ſelon
les ſujets, & qu'elle s'accommode à la diverſité des Langues.

Il y a bien plus d'artifice à réduire celles
qui n'ont du rapport que pour les mots ; & il
en faut beaucoup moins pour la réduction de
celles qui ajoûtent à la convenance des paroles, l'analogie de l'infléxion.

Et puis, les mots meſmes qui ont du rapport, en peuvent avoir en bien des maniéres :
ils ne ſont pas tous, s'il m'eſt permis de parler ainſi, ny parens, ny alliez dans le meſme
degré ; leur alliance eſt tantoſt plus proche,
& tantoſt plus éloignée ; car il faut entiérement raiſonner de la genéalogie des mots
comme des degrez de conſanguinité : Si les
uns ſont rangez dans la meſme ligne, ou di-

D

recte , ou collaterale ; les autres biaifent un peu, & ne fe répondent pas tout-à-fait de droit fil. Quelques uns font alliez dans les premiers degrez, les autres dans les derniers; les uns en remontant des branches à la fouche , les autres en defcendant de la fouche aux diverfes branches : En un mot le rapport des Langues n'eft ny toûjours immédiat, ny par tout directement oppofé.

Je dis mefme davantage : comme il y en a quelquefois qui font alliées de deux ou trois coftez, & qui depuis la premiére divifion ont contracté de nouvelles & de plus étroites alliances; j'avouë auffi qu'il y en a quelquesunes qui fe contentent de la premiére alliance , & qui n'ont prefque de rapport entre elles , qu'à caufe de l'union & de la liaifon commune qu'elles ont avec leur premier principe, qui n'eft en effet autre chofe que cette Langue Mere fi fameufe , dont quelques perfonnes font tant de myftére, fans entendre bien ce qu'ils difent.

Car fi elle a autrefois fubfifté en elle-mefme devant la premiére confufion des Langues, il n'en faut plus raifonner de la mefme maniére, ny fe mettre l'efprit à la gefne, pour la retrouver encore au monde : ce n'eft plus

maintenant , comme quelques - uns fe l'ima-
ginent fans beaucoup de fondement , une
Langue particuliére & diftinguée des autres :
de-forte qu'il n'y a plus qu'un moyen de la
retrouver, & de la rétablir au-moins autant
qu'il eft neceffaire pour la parfaite exécution
de mon deffein : C'eft de faire un choix ju-
dicieux de tout ce qu'il y a de primitif , &
de plus fimple dans ce qui nous refte de Langues ; foit qu'on y confidére les premiéres
combinaifons des fons ; foit qu'on y regarde
les premiéres idées de l'efprit, que l'on a atta-
chées à ces premiers fons : afin qu'on y puiffe rapporter en fuite tous les mots effentiels
& fondamentaux de chaque Langue , comme à la première fource ; qui s'étant entiérement tarie , ne fubfifte plus que dans fes
divers ruiffeaux , lefquels prennent le nom de
Langues originales , pour eftre coulez im-
médiatement de cette grande fource , où les
premiers Peuples ont tous puifé. Ainfi, l'on
peut dire avec verité de cette Langue Mere ,
qu'elle n'eft nulle part , parce qu'elle eft en
effet par tout , ou dans quelques-unes de
fes parties , ou dans fes effets & fes dépendances ; à-peu-prés, comme les vertus éle-
mentaires , & les premiéres femences des

D ij

choſes, ne ſubſiſtent dans la nature , que par les mixtes qu'elles compoſent.

On s'étonnera peut-eſtre , de ce que pouvant abſolument tout réduire par cette voie ſeule , je n'y ay cependant mon recours que quand tous les autres moyens me manquent. Mais aprés tout , quoy-que cette méthode ſoit peut-eſtre plus ingénieuſe , & d'une plus profonde ſpéculation , ce n'eſt pas toûjours la plus courte, la plus naturelle, & la moins embaraſſante , qui doit eſtre néanmoins la plus ſpirituelle, à mon égard, parce que c'eſt en effet la meilleure pour mon deſſein. Car enfin , pourquoy prendre des voies obliques & écartées pour arriver à ſon but, quand on peut y aller en droiture?

SECONDE PARTIE
DU DESSEIN.

LA comparaison seule, quoy-qu'en disent quelques-uns, ne peut pas suffire pour la perfection de cét Ouvrage. Quelque ju-fte & quelque exacte qu'elle fuft, fi elle n'é-toit foûtenuë du raifonnement, on auroit fujet de croire qu'elle feroit plus heureufe que folide, & on pourroit en attribuer la ju-fteffe à quelqu'un de ces hazards extraordi-naires, qui produifent quelquefois des effets furprenans.

D'ailleurs, quoy-que la vivacité & la force de l'imagination penétre aifément tous les rapports des Langues, & fe les imprime for-tement ; elle ne donne point la certitude, & n'ofte pas la confufion. Il n'y a que la rai-fon qui affermiffe noftre efprit dans fes con-noiffances, & qui mette de l'ordre dans fes idées. C'eft à elle de lier ces rapports les uns aux autres, & de les unir enfemble, felon la

La ma-
niére de
raifonner
fur les
Langues.

D iij

connéxion naturelle qu'ils ont tous avec les mêmes Principes, dont ils dépendent en commun.

Le grand point eſt que ces Principes ſoient plauſibles & raiſonnables, & qu'on y puiſſe fonder ſes raiſonnemens, ſans rien craindre. C'eſt ce qu'ont de ſingulier tous les Principes de cét Art, qui ſont, à mon ſens, infiniment plus ſenſibles & plus naturels, que ne le ſont pour l'ordinaire ceux que la Philoſophie nous propoſe comme des veritez inconteſtables. Auſſi les ay-je tous tirez de la nature meſme du ſujet ſur lequel je travaille, c'eſt-à-dire, des biais & des regards differens ſous leſquels on peut conſiderer la parole.

On ſera par-là convaincu enfin, comme j'oſe me le promettre, que le hazard n'a pas tout l'empire, ny tout le droit qu'on luy donne ſur les Langues ; & qu'on trouve, ſans beaucoup ſe tourmenter, dans les Langues meſmes, des raiſons ſolides & veritables, de tout ce qui y paroiſt n'en avoir point, & n'eſtre qu'un pur effet du caprice. On verra par les effets meſmes, qu'on s'en peut faire une ſcience auſſi démonſtrative, & auſſi ſuivie, que le ſont celles qui paſſent pour des modeles accomplis en ce genre ; & ſur tout que

l'étenduë de ſes principes nous abrege infiniment le chemin , ſans qu'on ſoit obligé de
deſcendre à mille détails ennüyeux & fati-
gans, qui ſe voient meſme beaucoup mieux,
& d'une maniére plus noble, dans leurs principes, que dans eux-meſmes. C'eſt ce qui me
fait eſperer qu'une Langue , à laquelle on
employoit avec chagrin des années entiéres,
deviendra ainſi un divertiſſement de quelques heures , ou tout au plus de peu de
jours.

LE s Paroles n'eſtant autre choſe dans
l'idée de tous les hommes que des ſons
ſignificatifs , elles ſe peuvent prendre ou
comme des ſons naturels , ou comme des ſi-
gnes arbitraires ; je veux dire, ou comme le
propre effet du mouvement de nos organes,
ou comme une naïve repreſentation des pen-
ſées de noſtre eſprit. Lors donc que les mots
paſſent d'une Langue dans une autre , ils ne
peuvent abſolument s'alterer dans ce paſſage
qu'en trois maniéres. Car enfin quelque al-
teration qui s'y faſſe , elle ſe fera neceſſaire-
ment , ou dans les ſons meſmes qui compoſent la parole , ou dans leur ſignification, ou
dans les diverſes modifications de l'un & de

l'autre. C'eſt de ces trois regards differens, d'où naiſſent trois ſortes de Principes généraux, ſur leſquels je fais roûller tout ce nouveau Syſteme de la Philoſophie des Langues.

AF I N d'y proceder avec plus d'art & de juſteſſe, j'examine dans la derniére éxactitude les organes differens de la voix, les divers mouvemens des muſcles de ces organes, & les rapports admirables de ces mouvemens.

Je me ſers de ces connoiſſances, pour expliquer démonſtrativement le nombre précis de tous les ſons ſimples, qui peuvent entrer dans la compoſition des Langues ; pour découvrir la nature & la prononciation propre de ces ſons ; & montrer en ſuite leur affinité, les rapports des uns, la diſproportion des autres, leur convenance, & leur oppoſition, leur ſimpathie, & leur antipathie, en un mot toutes leurs combinaiſons & leurs mélanges, leurs diviſions, leurs diſtinctions, leurs ordres, & leurs degrez differens.

D'où je conclus enfin, que toutes les corruptions les plus ſurprenantes, qui ſe font dans les mots qu'une Langue emprunte d'une au-

tre,

tre, en changeant, ou en tranſpoſant, en ajouſtant, ou en retranchant, ſont toutes fondées ſur la Nature, qui ne fait jamais rien que dans une extrême juſteſſe, lors meſme qu'elle nous ſemble agir avec le plus de négligence.

Nous pouvons étudier la Nature ſur la Langue Latine meſme, qui nous doit ſervir de modelle auſſi-bien que de principe. Elle nous apprendra premiérement, que les voyelles ſont preſque contées pour rien : car quoy-qu'il y en ait qui ſe changent plus facilement les unes dans les autres, ſelon qu'elles ſont ou plus ouvertes, ou plus reſſerrées; nous ſavons néanmoins par experience, qu'il n'y en a pas, qui ne puiſſe abſolument ſe changer dans quelque autre que ce ſoit : ſoit que ce changement ſoit immediat, ſoit qu'il ne ſe faſſe que par degrez.

Nous n'avons qu'à comparer enſemble les differens dérivez d'un meſme mot, pour en eſtre convaincus. Quel moyen, par exemple, de tirer *cepi*, *incipio*, & *occupo*, du verbe *capio*, ſi l'on ne ſuppoſe la verité de ce principe, comme l'ont toûjours ſuppoſée les Orientaux, qui forment la pluſpart de leurs mots par le ſeul changement des voyelles ?

E

Il n'en va pas tout-à-fait de mesme des consones; on ne doit pas y admettre indifferemment toutes sortes d'alterations : la seule affinité des organes, est ce qui doit regler presque tous leurs changemens; les Lettres des lévres se changent assez facilement les unes dans les autres; mais celles des dents, ou de la langue, auroient un peu de peine à se changer dans les Lettres des lévres, qui ne sont pas du mesme ordre qu'elles. Car comme les consones M. B. P. V. F. ne font presque qu'un mesme son, qui n'est modifié que par la diverse impetuosité de l'air qui ouvre differemment les lévres; les lettres D. T. Z. S. doivent faire un ordre à part, ayant un rapport particulier à la pointe de la langue, qui n'a qu'à frapper les dents en diverses maniéres, pour les prononcer.

Ce n'est pas qu'il n'y faille penser plus d'une fois, avant que de décider absolument, que deux lettres n'ont ny ressemblance, ny proportion ; parce qu'il y en a quelques-unes, qui ayant un son meslé du mouvement de plusieurs organes, se peuvent changer differemment, selon leurs differens rapports : ainsi l'H n'a pas seulement rapport aux lettres du gozier, en qualité de gutturale ; mais elle en a aussi en qualité d'aspiration, & aux sif-

fles de la langue, & aux six aspirées, des lévres, des dents, & du palais.

Que si la précipitation, ou le bégayement
de certains Peuples, a mis par hazard en usage quelques autres maniéres d'alterer les sons :
comme elles ne sont pas si-bien fondées sur la
raison ; aussi ne peuvent-elles pas rentrer dans
la régularité de l'art, à moins qu'elles ne fus-
sent établies par une analogie constante & ré-
guliére.

DU son des mots, je passe à la significa-
tion, qui est pour parler ainsi, l'ame de
la parole, comme le son en est le corps.
Pour le faire d'une maniére, qui se sente
moins de cét air sec & rampant, que l'on a
sujet de reprocher à la Grammaire ; je suppose
que les Paroles n'estant que les expressions
de nos pensées, & nos pensées les images des
objets : la difference des significations que
nous donnons aux paroles, dépend principalement des maniéres differentes dont chaque Nation conçoit les mesmes objets, selon ce qu'elle y trouve qui la frappe davantage.

Cela m'engage à expliquer toute la suite,
& la dépendance naturelle de nos idées, &

la maniére dont elles se forment , que personne n'a encore bien développée. C'est par
là que je feray connoistre, qui sont les objets
dont nous avons des idées propres , & com-
bien il y en a peu ; qui sont ceux que nous
ne concevons que par des images étrangéres,
& ne nommons en suite qu'avec des termes
figurez ; d'où vient l'alliance & le rapport de
nos idées ; & pourquoy la pluspart de nos paroles, si on les compare à leur premiére origine, ne sont que des metaphores, qui nous
representent un objet par des termes qui sont
propres à un autre , avec lequel il a ou de la
ressemblance , ou au moins quelque affinité;
qui sont enfin les grands principes des Metaphores, soit d'attribution, soit de proportion,
lesquelles font non seulement la beauté , mais
composent presque seules tout le corps des
Langues.

En effet, les premiers Peuples, qui ne nom-
moient les choses qu'avec sagesse , voulant
donner des noms aux ouvrages de la Nature
& de l'Art , eûrent égard principalement au
rapport naturel qu'elles avoient, ou avec quelque autre chose qui leur estoit plus connuë,
& qui avoit déja un nom arresté ; ou avec
quelqu'une de leurs propriétez prédominantes ;

ou bien enfin, avec l'action principale, qui les diftinguoit du refte des eftres.

Ils fe fervirent à peu prés du mefme artifice, pour impofer des noms plus expreffifs aux propriétez des chofes, ne les confiderant prefque jamais que par rapport aux operations dont elles eftoient les principes immediats.

Et pour ce qui eft des operations mefmes, comme elles ne leur eftoient pas également connuës, n'eftant pas également fenfibles; ils mirent la mefme fubordination dans les termes dont ils fe fervirent pour les reprefenter, que la Nature a établie dans nos connoiffances. C'eft pourquoy, comme il n'y a rien au monde, dont ils pûffent avoir une idée plus diftincte que du mouvement des corps, qui eft fenfible à tous les fens ; il ne faut pas s'étonner, fi regardant le mouvement local comme le premier & le principal objet de leur connoiffance, ils ne nommerent en fuite toutes les autres operations de chaque eftre, qu'autant qu'elles avoient quelque affinité, ou avec le mouvement en géneral, ou avec fes differentes efpeces, ou avec quelqu'une de fes dépendances, telles que font le lieu, la figure, la fituation, l'extenfion, l'union, & la féparation; en un mot, tous les rapports, qui font fondez

E iij

fur le mouvement de quelque maniére que ce puiſſe eſtre.

Car ſi la Philoſophie nouvelle, qui étudie la Nature de plus prés, prétend bien expliquer les effets naturels, en les rapportant tous au ſeul mouvement de la matiére, comme à leur veritable cauſe; c'eſt avec bien plus de ſujet, que pour rendre raiſon de tout ce qui s'eſt paſſé juſques à preſent dans les Langues, on peut avoir recours aux termes, qui ſignifient le mouvement, puis qu'on ne peut pas douter que tous les autres ne s'y réduiſent, comme au premier principe de leur ſignification.

Auſſi le mouvement a-t-il bien plus d'étenduë dans les Langues, que dans la Nature: car nous y rapportons les idées meſmes les plus ſpirituelles, je veux dire, celles que nous formons des operations de noſtre eſprit, & des mouvemens de noſtre volonté. Ainſi, quand nous diſons que l'eſprit, ou l'entendement s'applique à penſer, à concevoir, à diſcourir, à expliquer, à débrouïller, à démeſler les matiéres, à découvrir la verité; quand nous parlons du trouble, des averſions, de l'agitation, & de la conſternation de la volonté; pour expliquer les actions du monde les plus ſpirituelles, nous nous ſervons d'images, qui font en effet corporelles dans leur premiére origine, quoy-qu'elles ayent la plufpart perdu leur fignification propre, pour en prendre une autre purement figurée.

C'eft par ces principes, que je réduis à des raifons naturelles, toutes les maniéres imaginables, dont les mots alterent leur premiére fignification, pour en recevoir une autre, ou plus étenduë, ou plus refferrée, ou tant foit peu diverfifiée, c'eft-à-dire, ou proportionelle, ou approchante. Car il eft bien difficile que les mots paffent d'un païs à l'autre, fans qu'il leur arrive la mefme chofe qu'à ces plantes étrangeres, qu'on ne peut prefque tranfplanter dans un nouveau fol, qu'elles ne dégenerent, en perdant quelque chofe de leur vertu, ou mefme qu'elles n'en acquerent quelquefois une nouvelle.

MAIS comme tous les Peuples ont eû d'abord cette veûë génerale, d'expliquer ce qu'ils penfent avec le moins d'embaras qu'il eft poffible ; de-là vient que, pour renfermer un grand fens en peu de mots, ils n'ont prefque pas de paroles, qui marquent précifément les idées fimples de l'efprit détachées de tous leurs rapports. Les paroles les plus simples en elles-mefmes, font le plus fouvent compofées, pour ce qui eft de la fignification ; & il n'y a pas mefme de mot un peu confiderable, qu'on n'ait diverfifié dans chaque Langue par mille modifications differentes.

C'eft de là que nous font venuës toutes ces maniéres d'inflexion, de dérivation, de compofition, qui renferment la plus fine dialectique; toutes ces efpeces & ces formes de noms, de verbes, & de particules, qui font toute l'œconomie d'une Langue; toute cette diverfité de nombres, de genres, de cas, de temps, de modes, & de perfonnes, qui a bien plus d'artifice qu'on ne fe l'imagine d'abord : Car l'ufage de tous les Peuples n'a pas autorifé feulement ces inventions, pour varier la cadence des mots; mais pour exprimer avec une admirable facilité, tous les biais dont l'idée du mefme objet fe peut prefenter à la penfée, felon qu'on y mefle les rapports qu'il peut avoir à fes effets, ou à fes caufes, aux divers eftats dans lefquels il fubfifte, aux differences du temps & du lieu, & à toutes les circonftances qui le peuvent accompagner, foit dans noftre efprit, foit hors de noftre efprit.

Comme

Comme c'eft dans toutes ces modifications que confiftent principalement les differences les plus fenfibles des Langues ; auffi
un des plus grands fecrets de ce nouvel Art,
eft d'apprendre à démefler nettement, & dans
nos idées , & dans les mots qui les reprefen-
tent, ce qu'il y a de principal & d'effentiel,
d'avec ce qui n'y eft purement qu'acceffoire ;
de diftinguer fubtilement les premiéres idées
d'avec les fecondes , les fecondes d'avec les
troifiémes , les fimples d'avec les compofées ;
la fignification primitive & originale, d'avec
fes dépendances , fes rapports , fes modifications, & fes reftrictions diverfes ; en un mot,
de ne pas confondre, fi j'ofe ainfi parler, l'habit avec la perfonne.

Car enfin ces modifications font proprement aux paroles , ce que les habits font à
l'homme. Cét habit nouveau qu'on donne
aux mots étrangers, pour les habiller à la mode du païs, les défigure fi fort la plufpart du
temps, & les rend fi méconnoiffables , qu'ils
impofent à nos efprits, auffi-bien qu'à nos
oreilles, & fe font paffer pour naturels & ori-
ginaires du païs, quoy-qu'ils viennent en effet du païs de nos voifins , & quelquefois
mefme d'outre-mer.

F

Il n'y a donc, pour juger sainement de leur origine, qu'à les considerer tout nuds, & entiérement dépouïllez des ornemens qui les déguisent ; & pour le faire avec plus de seûreté, de les suivre pas à pas dans leurs voyages, & d'épier les détours differens qu'ils ont pris, & les habits dont ils ont changé, pour venir si déguisez jusques à nous.

11. Quelle doit estre l'application de ces Principes.

CE sont-là les principes les plus étendus, & les moyens les plus infaillibles, par lesquels je découvre cét accord secret & mysterieux des Langues, qui sans doute paroistra d'autant plus admirable, qu'on n'a guéres crû jusques à cette heure, qu'elles eussent tant de liaison. Mais comme l'application de ces principes se peut faire en bien des maniéres ; depeur que l'esprit ne demeure indéterminé sur ce point, je fais voir par le détail l'application qui s'en doit faire à chaque Langue en particulier, conformément à son génie, & à son propre caractére.

C'est ce qui m'oblige de faire une exacte recherche du different naturel des Langues que je prétends réduire. Je ne me contente pas de le tirer infailliblement, soit du consentement géneral des Peuples , qui se trompent assez peu dans l'idée qu'ils ont de la Langue de chaque Nation , aussi-bien que de ses mœurs : soit du sentiment particulier des Personnes savantes , qui sans préoccupation d'esprit ont étudié leur Langue naturelle avec plus de soin. Mais , pour joindre l'évidence à la certitude , je l'éxamine principalement sur l'Histoire mesme de la Langue , qui est la regle la plus juste que nous puissions suivre sur ce sujet. Il a fallu pour cela étudier à fonds l'origine de chaque Peuple , sur d'autres memoires que ceux que nous ont fourni la pluspart des Critiques , & examiner serieusement le commerce continuel qu'il a eû avec les Nations voisines les plus considerables ; les guerres , les differends & les alliances de ses Souverains avec les autres Princes ; les irruptions & les courses des Nations conquerantes , qui en ont corrompu la Langue , à mesure qu'elles en ont ravagé le païs ; les Colonies frequentes que les vainqueurs y ont envoyées; enfin ses voyages d'outre-mer, & son trafic avec les Peuples les plus éloignez : Car ce sont-là les causes les plus immediates du mélange & de la corruption des Langues.

F ij

On prendra peut-eftre plaifir à voir démefler le fond de chaque Langue , d'avec ce
que la fuite des temps, & les révolutions de
l'Eftat y ont ou changé, ou ajoufté ; ce que
chaque peuple a contribué du fien pour l'en-
richir ; ce que la Religion , le gouvernement,
& le commerce des Sciences luy ont commu-
niqué ; ce qu'elle garde des reftes de fon antiquité , & les nouvelles acquifitions qu'elle a
faites , pour remplacer fes pertes avec plus
d'avantage.

APRE'S tout, ce n'eft encore-là que le
fquelete , ou tout au plus que le corps
d'une Langue. Il faut que cét amas & ce
mélange informe de tant de fortes d'idiomes , foit animé par un efprit fecret , qui fe
répande dans tous ces membres fi divers,
pour les réduire à l'unité , en leur communiquant le mefme air ; & que cét efprit foit
le principe individuel de tous les effets &
de tous les changemens fenfibles , qui nous
font aifément diftinguer une Langue d'avec
une autre.

Le temperament , l'humeur , & le naturel
des Peuples, les difpofitions de leur efprit,
leur génie , & leurs goufts particuliers, leurs

inclinations les plus génerales & les plus fortes, leurs paſſions ordinaires , & ces qualitez ſin-guliéres, par leſquelles un Peuple ſe diſtingue & ſe fait remarquer entre les autres, ſont les marques les plus évidentes , pour découvrir le veritable génie d'une Langue, puis qu'elles en ſont en effet les cauſes les plus immedia-tes. Ce ſont auſſi les premiers originaux, d'aprés leſquels j'ay copié tous les traits qui m'ont ſervi pour en faire un portrait naïf & reſſemblant, & qui tient, ce me ſemble, aſſez du naturel.

Outre cela , les mœurs des meſmes peu-ples, leurs couſtumes , leurs loix , leur poli-ce , & toutes leurs maniéres , ſoit dans la paix , ſoit dans la guerre, ſont des effets ſi univerſellement connus, qu'il n'en faut point chercher d'autres , pour juger par propor-tion du génie & du caractére des Langues auſſi ſeûrement que de celuy des peuples qui les parlent.

Mais comme le ſoin qu'une Nation a de cultiver les Sciences , les Arts, & les belles Lettres, eſt ce qui contribuë le plus à la per-fection de ſa Langue; c'eſt principalement ſur la maniére dont elle s'y eſt priſe, & ſur le ca-ractére de ſes Auteurs , que j'appuie davantage , pour décider fi elle eft modefte ou faftueufe ; fi elle tient plus de la moleffe, de la douceur , & de la délicateffe , que d'un certain air noble , fier , & génereux ; fi elle s'attache plus à la fimplicité de la Nature , qu'aux rafinemens , & aux fubtili- tez de l'Art ; fi elle eft polie jufques à l'af- fectation ; ou fi au contraire elle affecte une certaine négligence , qui a fa grace , auffi-bien que fes regles & fon art ; enfin , fi elle n'eft point un peu gefnée, pour vou- loir eftre trop éxacte, ou fi elle s'accommode mieux d'un air libre & cavalier.

AYANT découvert ce génie & ce cara- ctére propre de chaque Langue , j'en forme l'idée la plus parfaite que je m'en puiffe former, fuivant la maniére & les principes des Platoniciens , dont la methode m'a toûjours autant plû , que leur doctrine me déplaift. Cette idée bien développée me fert dans la fuite d'une regle generale, pour établir les raifons propres & veritables de tout ce qui fe paffe dans le détail de chaque Langue, de plus fingulier & de plus remarquable ; foit pour le choix , le mélange , & l'union des fons ; foit pour la force & la fignification des

mots ; foit pour l'air & la maniére de s'exprimer.

Car il eft tres-vray, que toutes ces chofes
changent felon le génie des Peuples. Ainfi,
comme les Efpagnols fe veulent diftinguer
des autres Nations, par leur fafte, & par
leur gravité affectée ; leurs mots fe font auffi-
toft reconnoiftre à un certain air pompeux,
qui fent fa grandeur & fa majefté.

Au contraire, comme les Italiens font
la nation du monde, qui aime le plus fon
plaifir ; il eft naturel, que cette moleffe fe
communique à leur Langue ; & que toutes
leurs paroles ne refpirent que la douceur, la
politeffe, & la mignardife. Il ne faut pas
qu'elles foient compofées d'autres fons, que
de ceux qui peuvent flatter l'oreille ; ils ne
peuvent fouffrir tous les concours de confo-
nes, dont la rudeffe peut tant foit peu fati-
guer l'organe ; mais ils aiment extrêmement
les voyelles, & les font tres-fouvent s'entre-
fuivre, afin de former une prononciation plus
douce & plus délicate.

Pour ce qui regarde la fignification des
paroles, afin d'y mefler l'agrément avec l'é-
nergie, ils n'en ont prefque pas qui n'ayent
quelque chofe de figuré, fe perfuadant que

la Metaphore reprefente les objets à l'efprit d'une maniére plus fine , & plus divertiſſante ; & mefme ils ont foin de ne choifir que celles qui peuvent produire de belles images.

Ils ne fe font pas moins étudiez à diverfifier les mots par des modifications agréables ; leur infléxion n'a rien de gefnant ; tout y eſt également facile & gay. Les diminutifs font fort à leur gouſt , parce qu'ils ont quelque chofe de plus mignon. Ils font riches en dérivez & en compofez ; non - feulement parce que la prononciation en eſt plus harmonieufe , mais auſſi parce qu'ils expriment les chofes d'une maniére plus naïve. En un mot , ils oftent tout ce qui peut donner de la peine, & recherchent paſſionnément tout ce qui peut contribuer à la douceur d'une Langue.

Je raifonne à-peu-prés de la mefme maniére fur les Langues des autres Peuples. Mais parce que le raifonnement feul peut eftre fufpeą à quelques perfonnes, fur tout quand il paroiſt trop juſte & trop plaufible ; j'ay eû foin pour cela d'y mefnager fi - bien les exemples, que fans féparer l'induction du raifonnement, l'expérience & l'ufage foûtiennent la raifon, & la raifon confirme l'expérience :

Et

Et mefme les exemples font fi naturellement
enchaînez avec leurs principes, & tellement
diftribuez chacun dans la place qui luy eft
propre, que fans qu'on y faffe prefque réflexion, j'épuife imperceptiblement tous les mots
effentiels & fondamentaux de chaque Langue ; ayant voulu moy - mefme tirer toutes les
conclufions des Principes, & faire toutes les
inductions neceffaires ; fans rien laiffer au travail & à l'adreffe du Lecteur, qui fouffre aifément dans ces fortes d'occafions, qu'on fe défie
en quelque maniére de fon efprit, pourveû
qu'on le delivre entiérement de peine.

J'efpere qu'un mélange auffi diverfifié que
celuy-cy, d'hiftoire, de réflexions, & de critique, fouftenu de principes, de raifonnemens,
& d'exemples, pourra donner quelque forte
d'agrément à mon ouvrage , en égayant
une matiére qui eft affez feche & affez épi-
neufe d'elle-mefme, fans la rendre plus def-
agréable, par cette maniére baffe & rampan-
te, qui a fi fort décrié les critiques , & qui
dégoûte ordinairement d'une Science, devant
mefme qu'on ait commencé à s'y appliquer.

Auffi, cét air didactique eft-il le moins propre de tous , pour enfeigner agréablement:
Car comme on ne prend pas plaifir à fe voir

Ecolier, l'unique adreſſe eſt, de faire en ſorte qu'on puiſſe apprendre les choſes, ſans s'appercevoir qu'on ait un Maiſtre.

CONCLVSION.

VOILA l'idée groſſiére & génerale de tout mon deſſein, tracée en auſſi peu de mots, que la briéveté d'un projet me la pû permettre.

Toute raiſonnable qu'elle eſt, elle ne laiſſe pas d'avoir de grands adverſaires, dont les uns ſoûtiennent avec chaleur, que ſi cette maniére d'apprendre les Langues, a quelque choſe de curieux pour la ſpeculation, elle eſt d'ailleurs aſſez inutile pour la pratique; puis que l'uſage ſeul eſt, diſent-ils, le grand maiſtre des Langues, & qu'il s'en faut entiérement rapporter à la memoire, & à l'aſſiduité d'un travail conſtant & opiniaſtre.

Les autres avoûënt de bonne foy ſon utilité, mais ils doutent fort de la poſſibilité de ſon exécution; ne croyant pas que les Langues ayent véritablement tant de rapport, que je ſuppoſe qu'elles en ont; ou ſe perſuadant au moins, qu'il eſt preſque impoſſible à l'eſprit humain de le trouver maintenant ; quand mesme elles en auroient eû d'abord.

POUR répondre aux premiers , j'avoûë qu'un de mes étonnemens est , que des personnes si spirituelles se déclarent si hautement contre l'esprit , en faveur de la memoire. Je respecte infiniment leur merite; mais aprés tout, je ne puis me rendre à leur sentiment.

L'unique moyen, ce me semble, d'apprendre les Langues, & de les apprendre en aussi grand nombre qu'on voudra, de le faire aisément, sans ennuy, sans confusion, sans embaras, sans perte de temps, sans se mettre dans le danger ordinaire de les oublier avec autant de facilité qu'on les apprend avec peine ; & qui plus est, de les posseder toutes d'une maniére qui n'ait rien de bas, & qui soit digne d'une personne raisonnable; c'est en un mot de donner plus à l'esprit , & à la réflexion, qu'à la memoire. Car enfin, si la memoire n'est soûtenuë des réflexions de l'esprit, elle ne peut pas nous conduire bien loin toute seule.

Quelque heureuse qu'elle soit, elle sera toûjours lente, bornée, confuse, & infidelle. Son action n'eſt pas aſſez vive, pour nous tirer de ces longueurs fatigantes, qui dégoûtent des plus belles entrepriſes; & ſes efforts ſont trop languiſſans & trop foibles, pour exécuter en peu de temps, un deſſein d'auſſi grande haleine que celuy-cy.

Eſtant auſſi bornée qu'elle eſt, il n'eſt pas poſſible qu'elle renferme cette multitude innombrable de Langues ſi éloignées en apparence les unes des autres. Que ſi quelquefois elle fait un effort extraordinaire, ſes eſpeces ſe confondent bien-toſt par la multitude ſeule; & quand meſme elles y ſeroient rangées dans le plus bel ordre du monde, au-moins n'y pourroient-elles pas ſubſiſter long-temps, ſans, ou s'effacer par celles qui ſurviennent, ou s'échapper d'elles-meſmes, n'y ayant rien qui les fixe, & qui les arreſte.

De-ſorte que les Langues eſtant d'une ſi vaſte étenduë, on ne peut pas s'en fier uniquement à la memoire, ſans vouloir ſacrifier à la ſeule ſcience des mots, un temps infini; qui nous eſtant auſſi précieux qu'il le doit eſtre, ſe peut employer avec plus de ſageſſe, & de ſuccés, ou à la connoiſſance des choſes, ou au maniment des affaires.

POuR satisfaire les seconds, je n'ay rien autre chose à leur dire maintenant, sinon, que si ce dessein leur paroist d'abord, ou chimerique, ou temeraire, l'exécution en justifiera bien-tost l'entreprise, & les convaincra peut-estre, qu'il n'est pas toûjours à propos de décider d'un ton si affirmatif, sur des matiéres qu'on n'a pas fort approfondies ; & qu'il ne faut pas aisément desesperer de rien, qu'on ne soit seûr d'avoir tenté toutes les voyes imaginables.

AU reste, comme je ne crois pas m'estre trompé dans ce qui fera le gros & le fond de mon ouvrage, je ne prétends pas aussi, que tout ce que j'avanceray dans le détail sur la connexion des Langues, soit toûjours receû, comme des véritez incontestables, dont je sois moy-mesme fort convaincu. Je suis trop instruit sur la nature de la verité, pour me croire assez heureux, que de l'avoir toûjours découverte dans la matiére du monde la plus douteuse, & la plus embroüillée qui fut jamais. J'avoüë mesme, que quelque respect qu'on doive à la verité, je l'ay néanmoins abandonnée de sens-froid, en quelques endroits, où elle ne me paroiſſoit pas donner aſſez dans le ſens ordinaire des hommes ; me perſuadant qu'une conjecture bien imaginée, & débitée d'un air plauſible, eſt plus au gouſt des perſonnes d'eſprit, qu'une verité fade & badine, comme il s'en trouve une infité dans le ſujet que je traite.

Je propoſe donc aux Savans, ce nouveau Syſteme des Langues, non pas comme une theſe inconteſtable dans toutes ſes parties ; mais ſeulement comme une hypotheſe, qui n'eſt pas tout-à-fait déraiſonnable ; & qui d'ailleurs a cét avantage particulier, que quand elle ſeroit la plus fauſſe du monde dans la ſpeculation, au moins peut-elle eſtre de miſe dans la pratique. Ainſi, j'eſpere qu'on me fera bien la meſme grace, que font à Copernic les perſonnes les plus déclarées contre ſon hypotheſe, qui ſont obligées d'avoûër, que toute fauſſe qu'elle eſt, c'eſt néanmoins une des plus commodes pour l'uſage, & pour les ſupputations de l'Aſtronomie.

F I N.